언제나 어디서나
예수그리스도!

언제나 어디서나
예수그리스도!

장동선 지음

나침반

함께 예수 그리스도의 마음을 가질 수 있다면...

    저는 어려서부터 예수님을 믿는 가정에서 성장하였고 교회 다니면서 친구들을 전도하는 것을 좋아했습니다. 그리고 결혼도 예수 믿는 가정의 사람을 만나 하나님께서 2남 2녀의 자녀와 7명의 손자 손녀도 주셨습니다.(주님 정말 감사드려요.)

    때로는 말씀이 좋아 은혜를 사모하게 되어 지인들이나 우리 집에 세 들어 사는 사람들처럼 만나는 거의 모든 사람들에게 전도하고 부흥 집회나 은혜 받는 자리에도 같이 다녔구요. 지금은 그때 전도했던 사람들이 대부분 멀리 이사 갔지만 어느새 집사 권사가 되어 신앙생활을 잘하고 있다고 연락을 오니 그저 감사할 따름입니다.(감사드려요 고마워요 주님!)

'주여 그들의 가족들도 모두 천국에서 꼭 만날 줄 믿습니다. 주님!'이라고 계속 기도하며 저는 제 삶을 통해 끝까지 한 명이라도 더 주님을 영접하게 되기를 원합니다.

"주 예수를 믿어라 그리하면 너와 네 집이 구원을 얻으리라"(사도행전 16:31)고 주님께서 약속 했기 때문입니다.(아멘! 아멘! 아멘!)

이 글은 부족하지만 저를 통해 일하신 예수 그리스도의 마음을 전하고 나누고 싶은 마음이 견딜 수 없을 정도로 넘쳤기에 순종하는 마음으로 쓴 것입니다.

이 글을 통해 함께 예수 그리스도의 마음을 가질 수 있다면 여한이 없겠습니다.

일의 시작, 과정, 모든 마무리도 모두 주님께서 하셨습니다. 주님, 감사합니다.

장동선 권사

차례

1

인도에서 전했던 예수 그리스도

　저는 성경말씀이 좋아서 읽고 또 읽고 밑줄을 쳐 가면서 읽는데, "오직 성령이 너희에게 임하시면 너희가 권능을 받고 예루살렘과 온 유대와 사마리아와 땅 끝까지 이르러 내 증인이 되리라 하시니라"(사도행전1:8)는 말씀이 마음에 크게 부딪쳐서 계속 묵상하며 기도한 적이 있습니다

　그러다 보니 늦었지만 주님께서 놀라운 시간을 주셨어요.(감사드려요 주님!)

어느 날 교회에서 기도를 하는 중에 잠시 잠이 들었는데 선교를 하는 꿈을 꾸었습니다.

그리고 너무나 신기하게도 그날부터 자꾸 '간디로 가라! 힌두로 가라, 힌두로 가라!'라는 음성이 마음에 들렸습니다.

간디는 간디책을 한번 읽어 보았기에 좀 익숙했지만 그곳이 인도라는 것을 깨닫게 됐습니다. 그러나 힌두에 대해서 들은 적은 있지만 아는 것이 없어서 무시를 했는데 기도를 하면 할수록 그 마음이 더욱 강해졌습니다.

"주님, 대체 어떡하라구요? 저는 거기가 어딘지도 모르고 가서 뭘 해야 할지도 몰라요."

마음을 먹는다고 해도 인도로 어떻게 가야 할지 갈 바도 몰랐고 그냥 기도는 했지만 답답했습니다.

또 기도하면 산 넘고 물 건너 날아 가라고 그러셨어요. 순종하지 않으면 안 될 것 같아 마음은 급해서 밤에 마당에 나가 두 팔을 벌리고 날아가는 모습으로 뛰어 다니면서 "하나님 아버지, 저 이렇게 날아가라고요?"라고 했습니다.

높은 하늘을 바라보면서 그랬지만 그때는 말씀이 없었어요. 그렇지만 '어떻게든 가야 한다'는 하나님의 뜻으로 점점 생각이 되었습니다.

그 다음부터는 저녁에도, 새벽에도 계속해서 인도를 위해 기도하기 시작했습니다.

그러던 중 어느 날 새벽기도를 마치고 나왔는데 교회 로비에 기독교 신문이 놓여 있었습니다. 이상한 마음이 들어 펴보니 중간에 인도선교에 대한 안내가 나와 있었습니다. 저는 하나님의 응답이 왔다고 느껴져 바로 기독교신문사에 전화하여 그 광고 흑백사진에 나온 선교사님의 연락처를 수소문했습니다.

결국 그분들의 가족과 연결되어 만나게 되었습니다.

'주님, 이렇게 응답을 주시는군요. 이게 주님의 뜻이군요.'

그런데 정작 제 이야기를 들은 선교사님은 좀 당황하시면서 인도는 아무나 선교를 갈 수 있는 곳이 아니라고 말씀하셨습니다. 그러나 저는 이미 큰 확신이 있었기에 남편과 함께 무조건 가겠다고 했고, 실제로 무작정 떠났습니다.

제가 선교를 가서 줄 수 있던 것은 예수 그리스도의 마음 밖에 없었습니다.

또한 거기에서 느낀 것도 예수 그리스도의 마음뿐이었습니다.

저는 너무나 인도에 대해 무지했습니다.

인도인들은 다들 산에서 사는 줄 알았기에 남편과 저는 산에서 살 각오를 하고 떠났을 정도였습니다. 사람의 상식으로는 정말 가서 아무런 일을 할 수 없는 상황이었지만 우리 부부는 하나님이 주시는 마음으로 섬기기로 작정하였습니다.

"주의 말씀이 내 발의 등이요 내 길에 빛"이니까요.

현지에 도착한 다음날 꿈같은 일이 생겼습니다.

하나님은 우리의 거처를 미리 예비해 주셨습니다. 그곳에 비어 있는 집이 하나 있었는데 힌두교 노인이 살다가 죽어서 흉가로 소문이 나 방치된 집이었습니다. 주민들이 그곳이라도 쓸 수 있겠느냐고 묻기에 우리는 하나님이 준비하신 집인 줄 믿고 하나님께 감사 드리고 그 집에서 살기로 했습니다.

그런데 그 집안에는 이상한 공간이 있었습니다. 기분이 좋지 않았습니다.

밤이면 도롱뇽이 방안 천정과 벽을 타고 다녔고 파리채로 두들겨도 잘 죽지 않았습니다.

그리고 모기떼의 습격으로 헌혈을 많이 했습니다. 야자수 나무 위나 담장에는 원숭이들이 수시로 드나들고 있었고 아주 작은 새끼들이 담을 타고 우리가 거주하던 바로 옆에 살고 있었습니다.

우리 부부가 간 지역은 인도 남부 뱅갈 로러 변두리 지역이었습니다.

시내에 가려면 오토릭스나 버스를 타고 가야 하는데 가장 어려운 것은 가는 도중엔 50미터쯤 되는 다리를 건너는 것이었습니다. 왜냐하면 인도에는 변두리 지역엔 하수종말 처리가 되질 않아 모든 생활 하수가 모여서 교량 및 냇가로 흘러가기 때문에 새까만 골탕색 검은색 죽은 물이었고 그 고약한 악취는 코와 입을 막지 않고서는 도저히 지나갈 수 없기에 그 다리 전후 최소 50미터 전 부터 숨을 멈추어야 겨우 지날 수 있을 정도였습니다. 정말 지독했습니다.

그리고 우리가 있던 이웃집에 사는 어떤 할머니는 집 옆에 개미떼가 바글바글 사는 큰 개미집과 함께 가족이 사는데, 그 이웃 젊은 여자들이 꽃과 음식을 차려놓고 절을 하는 것이 참 이상했습니다.

식수도 문제였습니다. 우리가 있던 동네 사람들은 경운기에 실은 물탱크에서 물을 받아 식수로 사용했습니다. 그런데 그 물은 수돗물이 아닌 개울에서 받아 온 것 같아서 물을 받을 때마다 지푸라기가 들어있었습니다. 아침이면 그들은 페트병에 물을 가지고 주변 숲속으로 숨어서 생리작용을 해결했고 마당 구석진 곳에서 옷 입은 채로 바가지로 물을 들이부으면 그게 목욕한 것이었습니다.

물 때문인지 제가 급성 방광염이 걸려 난생 처음으로 견딜 수 없는 큰 통증을 겪어 열악한 병원에서 정말로 혼이 났고, 그곳에 있을 동안 심한 몸살과 허리가 아파 많이 힘들었지만 주님께 무시로 성령 안에서 기도하고 또 기도했더니 주님께서 불쌍히 여기시고 긍휼을 베푸셔서 고쳐 주셨습니다.(감사 감사 드려요, 주님!)

남편과 같이 시간을 내어서 말씀과 기도로 무장하지 않으면 안 되는 순간들이 많았습니다.

우리는 대한민국 국민과 성도인 것을 하나님께 새삼 감사 하면서 주민들에게 예수 그리스도의 복음을 전하고 사랑을 조금씩 전달했습니다.

(하나님 아버지 우리에게 예수님을 믿게 해 주셔서 감

사 드려요. 너무 행복해요. 감사 생활하는 사람에게 감사
열매가 맺힐 줄 믿습니다.)

처음에 가서 한일은 신학교에서 신학생들을 섬기
는 사역이었습니다.

그들의 생활은 열악하였습니다. 그들은 인도 주변
나라에서 산을 넘고 국경을 넘어 미얀마, 방글라데시,
북인도, 스리랑카, 네팔...등 아주아주 먼 곳에서 온 학
생들이 많았습니다. 그들은 가난과 교육의 불모지에
서 소문에 소문을 듣고 밀입국을 한 청년들인데 신학
공부를 한다고 하지만 너무 가난해 선교사들이 있는
곳에 오면 밥을 마음껏 먹을 수 있다는 이유로 오기
도 해 가엽게도 보였습니다.

그들은 신학을 배울 수 없는 곳에서 왔지만 인도에
있는 한국 신학교를 통해 그나마 자기 나라보다는 나
은 신학교 환경에서 주님의 은혜로 생활과 예배와 말
씀, 찬양, 다채로운 지식과 문화를 배울 수 있어 자부
심을 느끼며 향후 목회자로 쓰임 받게 될 것을 믿고

기뻐했습니다. 그래서 물질이 되는 대로 상황이 되는 대로 학생들을 섬기며 그들로 인해 복음이 곳곳에 전파되기를, 그리고 어디서나 주님의 종들을 길러낼 수 있는 신학교가 합법적으로 당당히 세워지기를 기도했습니다.

그리고 그곳은 많이 더운 나라임에도 냉장고가 없어 마음이 아팠지만 그들에게는 꼭 필요 하진 않았습니다. 그곳 주식인 카레를 그때 그때 준비하여 밥과 맛있게 먹습니다. 우리도 잘 먹게 됐구요.

그리고 한국에서 가져갔던 열무씨를 심었는데 햇볕이 너무 강해 아주 질긴 열무였지만 반찬으로 만들어 카레와 함께 먹었습니다.

우리는 생활비를 절약하여 물질이 되는대로 상황이 되는대로 그들에게 예수의 사랑을 전했습니다.

그곳의 사람들은 남녀노소 모두 신발을 신지 않고 맨발로 삽니다. 주변에 사는 어린아이들에게 작은 것이지만 주님의 사랑으로 섬겼더니 집 밖에 나가기만

하면 아이들이 우리를 보고 "언트. 엉클"(아줌마 아저
씨)하면서 손을 흔들고 뛰어 와서 하이파이브를 하면

서 반가워 했습니다. 근데 카레만
먹고 사는데 아이들이 어떻게 힘이
좋은지 손을 마주치기만 했는데도
팔이 아팠습니다. 아이들이 저에게
달려올 때는 항상 기쁨으로 밝게
웃으면서 물에 손을 씻은 후 옷에 닦고 다가왔어요.
너무나 순진하고 예뻤습니다.

그때 우리나라 주일학교 찬양이 생각났습니다.
"연못가에 자라는 한 송이 백합
천사같은 흰 옷을 입고 싶어서
맑은 샘물 거울에 몸을 비치며
푸른 하늘 우러러 기도합니다."
우주 법칙 속에서 자라나는 어린 새싹들이 모두 예
수님을 믿어 예수님을 찬양하며 건강하게 훌륭한 인
재가 되고 하나님 나라를 확장하는데 쓰임 받기를 기

도했습니다.

청소년들도 모두 건강하게 자라면서 기도와 말씀으로 무장해 예수님의 본을 닮는자 되고 공부 열심히 해 이 땅에 살 때에 좋은 리더가 되었으면 좋겠습니다.

청년들도 지금 어디에서 무엇을 하고 있던 하나님께서 보고 계심을 믿고 하나님을 의지하고 산다면 하나님께서 좋은 일을 주시리라 믿습니다. 아멘!

다음으로는 현지인들을 섬겼습니다.

한국인을 만난 적도 없을 정도로 무작정 현지인들을 찾아다니면서 섬겼습니다. 현지인들을 섬기며 너무나 큰 은혜를 체험하고 하나님의 마음을 느꼈기에 더 이상 비자가 나오지 않을 때까지 들락날락하며 인도를 섬겼습니다. 그러나 문제가 음식, 언어, 치안...등한 두 가지가 아니었습니다.

힌두교쪽 종교지도자들이 우리 부부를 보고 마을에 오지 말라고 협박도 많이 했고, 낯선 곳에 대한 두

려움으로 처음에는 해가 지면 밖에 나갈 생각을 못했습니다. 특히나 몰려 다니는 개들이 위협적이어서 막대기를 가지고 다녔어요.

그럼에도 굴하지 않고 열심히 기도하며 사람들을 찾아다니며 활동하다 보니 담대함이 생기고, 사랑의 마음이 생겨, 밤낮을 가리지 않고 서툰 영어로 소통하면서 섬길 수 있었습니다.

우리는 한국 음식을 해서 이웃과 나누었고, 그들도 인도 음식을 우리에게 주었습니다.

식탁을 살 돈도 없는 가정에는 음식을 준비해서 찾아가 바닥에서 함께 먹고, 기도도 해주고, 여러 마을의 사람들을 마주칠 때마다 복음을 전하며 하나님이 주시는 마을을 따라 섬겼습니다.

되지도 않는 영어로 어렵게 소통을 했는데, 놀랍게도 이런 가운데 사람들의 마음이 열리고 또 그중에는 예수 그리스도을 구세주로 영접하는 놀라운 역사도 있었습니다. 그렇게 사역을 하는 동안 한국 사람을 한 명도 만난 적이 없을 정도로 저희는 어딘지도 모르는 곳을 돌아다녔고, 거처도 없이... 때로는 그냥 빈집에 들어가 머물며 지냈습니다. 그런데도 시간이 지날수록 어디를 가든 현지인들이 우리를 환영하며 반겨주고 이야기를 들어주었습니다.

어찌보면 너무나 터무니없고 위험한 일일 수도 있습니다. 그러나 지금도 저는 인도 선교의 마음을 주신 그 순간부터, 인도에 있었던 동안의 사역이 모두 하나님의 뜻이었기에 이런 일들이 가능했다고 믿고 있습니다.(영혼을 사랑하시는 나의 아버지 하나님께서 불꽃 같은 눈동자로 지켜주심을 감사합니다. 아멘!)

하나님이 주신 마음이 우리 안에 있다면 순종해야 합니다.

오늘 마주치는 사람들을 통해 무언가 성령님의 음성이 들린다면 즉각 순종해야 합니다.

하나님은 사람을 통해 일하시는 분이시라는 걸 성도들은 늘 잊어서는 안 됩니다.

말씀을 통해, 기도를 통해, 하나님의 음성을 바로

듣고, 성령님의 인도하심을 따라 오늘 역사하실 일들을 기대하며 또 순종해야 합니다.

그 일 가운데 예수 그리스도의 마음을 우리도 알게 되고, 또 전하게 된다는 걸 깨닫게 될 것입니다.(감사드려요 주님!)

복음을 위하여 영혼을 사랑하면서 전도하며 나의 기도를 듣고 응답하시는 주님만을 사랑하게 하소서.

"보내심을 받지 아니하였으면 어찌 전파하리요 기록된 바 아름답도다 좋은 소식을 전하는 자들의 발이여 함과 같으니라"

(로마서 10:15)

2

기도 중에 주신
예수 그리스도의 마음

　제가 이런 글을 쓰는 것은 비록 부족하지만 하나님
이 주신 마음이 온전히 전달되기를 바라는 마음으로
어렵고 힘든 가운데도 순종하기 원해서입니다.

　이 글을 통해서 사람들이 하나님의 마음을 조금이
라도 알게 되었으면 좋겠고, 또 그 마음이 느껴진다면
순종했으면 좋겠습니다.

　매일 하나님께 기도로 아뢰는 것은 성도들에게 정

말로 중요합니다.

기도는 언제든 할 수 있습니다. 기도 중에 하나님께서 많은 마음을 주십니다.

성별된 교회에서 드리는 기도뿐 아니라 우리의 일상 가운데서 언제나 주님의 마음을 품고 드린다면, 어디서나 주님은 응답하십니다. 성경 말씀처럼 쉬지 않고 기도할 수 있습니다.

생활 중의 기도, 일어나자 마자, 운동할 때도, 청소할 때도, 일할 때도, 빨래하면서도 또 잠들기 전에도 언제나 기도하십시오. 그러면 주님이 정말로 좋은 은혜를 우리의 심령에 부어주십니다. 삶의 모든 영역이 행복해지고 은혜가 넘칩니다. 나의 개인에서, 가정, 직장, 교회, 모든 모임과 상황에 주님의 은혜로 가득한 기적이 일어납니다.

그러므로 무엇이든 기도로 주님께 보고 하면서 아뢰세요.

주님은 세밀한 기도를 원하십니다.

예수 그리스도는 십자가에서 흘리신 보배로운 피로 우리의 죄를 다 용서 하셨습니다.(감사 감사 감사드려요.)

그러므로 하루 동안 지은 죄를 주의 보혈로 씻어주시고 용서해 주심을 감사하십시오.

한 주 동안 지은 죄를 주의 보혈로 씻어 주심을 감사하십시오.

한 달 동안 지은 죄를 주의 보혈로 씻어 주심을 감사하십시오.

한 해 동안 지은 죄를 주의 보혈로 씻어 주심을 감사하십시오. 그리고 용서하심을 감사하십시오.

나의 몸과 나의 심령 나의 온갖 것들이 다 좋아집니다. 구주 예수이름으로 모든 병마도 물러갑니다. 주님이 역사하시고 도우시고 함께 하시고 지켜주십니다.(하나님 나의 아버지 감사감사 참! 감사합니다.)

하나님은 그냥 기도가 아닌, 우리의 마음을 토하는 전심의 기도를 원하십니다.

우리의 작은 것 하나하나까지도 모두 주님께 세밀하게 기도를 드려야합니다. 그러나 그 마음에서만 끝나는 것이 아니라 순종해야 합니다. 그 마음에 더 강한 감동으로 하나님이 우리의 순종을 원하신다는 것을 느껴야 합니다. 그럴 때 하나님이 우리를 기뻐하십니다.

이 놀라운 은혜는 구원을 통해서 얻게 됩니다.

이 구원은 누구나 얻을 수 있지만 누구에게나 적용되는 것은 아닙니다. 예수님을 믿는 사람에게만 적용됩니다. 그러므로 예수님을 믿어서 구원 받아 하나님의 자녀가 되십시오.

"영접하는 자 곧 그 이름을 믿는 자들에게는 하나님의 자녀가 되는 권세를 주셨으니"(요한복음 1:12)

많은 사람들이 많은 일을 하며 살아가고 있습니다.

그러나 예수님을 믿는 사람들은 어디서 무슨 일을 하든 결국은 천국을 향해 가고 있습니다. 그래서 예수님을 아는 것이 중요하고, 무슨 일을 하든 기도하는 것이 중요합니다.

교회만 나가고 겉으로만 신앙생활 하는 것이 아니라 마음으로 믿고, 마음으로 기도해야 합니다.

"사람이 마음으로 믿어 의에 이르고 입으로 시인하여 구원에 이르느니라"(로마서 10:10)

우리의 구원은 내가 잘나서, 나의 노력으로 주어진 것이 아니라 하나님의 은혜로, 예수 그리스도의 보혈을 통해 구원 받게 되기 때문입니다.

우리가 지은 죄를 예수님이 모두 용서하셨다는 사실, 지금도 예수 그리스도를 믿기만 하면 보혈로 씻어주신다는 것을 믿는 것이 진정한 축복입니다. 매일 기도로 주님 앞에 나아가고 기도로 주님 앞에 회개한다면 주님은 언제나 그 크신 사랑으로 우리를 용서하시고 회복시켜주십니다.

돈을 많이 벌고, 세상에서 출세하는 것이 복이 아닙니다.

하나님의 말씀대로 살아가는 것이 진정한 복이며,

참된 성공입니다. 믿음 생활을 성공하면 하나님께서 내려주신 복으로 야베스와 같은 복에 복을 받게 됩니다. 그러므로 생사화복을 주관하시는 하나님, 나의 하나님께 매일 간절히 기도합시다.(나의 하나님 아버지 감사 감사드려요)

"다만 그들이 항상 이 같은 마음을 품어 나를 경외하며 내 모든 명령을 지켜서 그들과 그 자손이 영원히 복 받기를 원하노라"(신명기 5:29)

아름다운 꽃동산에…

어린 영혼들이 뛰어 놀고 있어요.

그러나 그들의 부모는 그들을 지킬 수 없어요.

예쁘게 귀하게 예수 안에서 자라나는 어린 꽃들이

상함이나 해함이 없게 주여 도와 주소서.

하늘에도 계시는 우리 아버지여 곡 지켜주소서.

3

주의 길을 따르는 것

주님께 간절히 기도하는 도중에 주님의 일을 해야겠다는 강렬한 마음을 주님이 주셨습니다. 주님은 저에게 이런 마음을 주셨습니다.

'하나님을 사랑하기 때문에 주님의 일을 해야 한다.'

저는 즉각 순종함으로 모든 일을 진행했습니다.

우리가 꼭 신학을 하고 교역자가 되어야만 주님의 일을 할 수 있는 것은 아닙니다. 주님께서 우리에게

명하시는 그 일, 주신 달란트를 바로 사용하는 그 일을 하는 것이 주님의 일입니다. 주님의 일에는 나이도, 직업도, 경제상황도, 나라도 필요 없습니다. 오로지 주님의 마음에 순종하는 것 하나면 충분합니다. 그러므로 기도하세요, 더욱 기도하세요.

주님은 우리들을 정말로 사랑하십니다.

우리를 정말로 사랑하시기에 복을 받는 길, 즉 주님의 일을 하며 따르기를 바라십니다. 그러기 위해서는 평소 우리들의 삶이 믿지 않는 사람들에게 바로 보여져야 합니다. 세상 사람들이 보기에 흠이 되고 책을 잡히는 삶을 살고 있다면 그것은 주님의 일이 아니며, 주님이 기뻐하시는 것이 아닙니다.

어떻게 그런 삶을 살 수 있을까요?

말씀과 기도로 무장하면 됩니다.

우리의 힘으로는 감당할 수 없습니다.

첫째, 순종의 삶을 살아야한다고 생각합니다.

둘째, 기도와 말씀 중심으로 살아야 한다고 생각합니다.

셋째, 나의 몸과 마음을 주님께 드려 거룩한 삶으로 드려야 한다고 생각합니다.

넷째, 세상으로부터의 시련을 담대히 물리칠 용기가 있어야 한다고 생각합니다.

다섯째, 마귀의 유혹을 물리쳐야 한다고 생각합니다.

이런 마음 자세가 있지 않으면 마귀의 간계를 이기기가 힘듭니다.

부부사이에도, 부모와 자녀 사이에도, 가족 사이에도, 직장 동료 사이에도 마귀는 틈을 만들려고 호시탐탐 노리고 있습니다. 그 틈에 하나님의 사랑을 붓고 말씀과 기도로 단단히 굳혀야 믿음에 어려움이 없어집니다.

부모님께 효도를 하기 원하신다면 더더욱 말씀과 기도를 붙잡으십시오.

자녀가 만사형통하기를 원하신다면 정말로 말씀과 기도를 붙잡으십시오.

자녀들에게 어떠한 유산을 물려주려고 하십니까?

주님 안에서 계획이 서 있나요? 믿음과 기도와 말씀과 전도생활하면서 산다면 자손대대가 죄를 이길 수 있고 천성을 바라보면서 복된 삶을 살 수 있습니다.

이것이 예수 그리스도의 마음입니다.

하나님 아버지의 마음을 아는 사람만이 그 복을 받으면서 이 땅에서도 승리하며 삽니다.(샬롬 샬롬 샬롬)

"좁은 문으로 들어가라 멸망으로 인도하는 문은 크고 그 길이 넓어 그리로 들어가는 자가 많고"(마태복음 7:13)

4

행복의 조건 예수님

주님의 인도하심으로 인도에서 사역 할 때의 이야기입니다.

인도에서 사역을 할 때 만난 사람들이 대부분 빈민들이었습니다. 근데 그중에서도 정말로 가난하게 사는 한 여인을 만난 적이 있습니다. 갓 태어난 아이를 옆에 메고 빈 페트병을 주으러 다녔는데 가만히 보니 아이를 메고 있는 것도 포대기나 이불이 아닌 그냥 수건이었습니다. 아무 것도 모르는 아이는 땀을 흘리며 힘겹게 엄마에게 매달려 있었는데, 그 모습을 보자마자 절로 한숨이 나오며 마음에 절절함을 느꼈습니다.

그 여인을 보는 순간 저도 모르게 다가가 얼마의 돈을 쥐어주며 간절히 기도해 주었습니다. 당시로써는 제가 복음을 전할 수 있는 유일한 방법이었습니다.

잠시 후 그 여인은 자리를 떠났습니다.

아무래도 마음이 편치 않아 다음에는 더 제대로 주님을 전하리라 마음을 먹고 계속해서 한 번 더 만나게 해달라고 기도를 드렸지만 아쉽게도 응답을 받지 못했습니다. 그러나 지금도 그 영혼을 위해서 기도하고 있습니다.

그 여자를 만난 뒤에 조금 더 가다보니 파란 천막 아래 흙바닥에서 살고 있는 한 가정을 만날 수 있었습니다. 너무나 초라한 곳이었지만 아이도 둘이나 함께 살고 있었습니다. 보자마자 눈물이 흐를 정도로 비참한 삶이었지만 인도에서는 약간 소박한 생활 정도였습니다. 흙바닥에 부엌이라고는 양푼 몇 개뿐이고 식사로는 토마토를 으깨 먹었는지 납작한 돌에 흔적이 남아있었습니다.

'저걸로 네 식구가 배가 찰까?'

그들의 집을 보며 하나부터 열까지 오로지 세상적인 걱정만 들었는데 그들의 얼굴에는 미소와 평안이 가득했습니다.

대화를 나누다가 그 이유를 알 수 있었는데, 바로 그들도 예수님을 믿고 있었기 때문입니다. 그렇게 즐겁게 교제를 나누다가 돌아올 시간이 되어서 저희가 할 수 있는 모든 방법으로 아낌없이 예수님의 사랑을 전하고 떠났습니다.

사실 인도에서 머무는 동안에는 물이 안 좋아 건강이 많이 상했습니다.

이도 심하게 다치고 죽을 위기도 종종 있었지만... 그래도 인도에서 예수님의 마음을 전했고, 제 아무리 힘든 상황과 환경에 처했을지라도 예수님만 있다면 어디서나 행복하게 웃을 수 있다는 것을 깨달았습니다.

우리가 할 수 있는 가장 귀한 일은, 예수님을 전하는 것입니다.

사람이 누릴 수 있는 가장 귀한 행복은, 예수님을 만날 때 얻게 됩니다.

지금은 인도에서도 성령님이 역사하셔서 많은 교회가 세워지고 예수님을 믿는 사람들이 많아지고 있습니다. 인도 사람들이 누릴 수 있는 가장 큰 축복이 복음을 통해 전해지고 있습니다. 주님, 정말로 감사를 드려요.

우리 부부는 이제는 그 곳에 가기를 원해도 가기가 어렵습니다.

사명을 받은 자가 있다면 그는 사명을 받은 곳으로 가야합니다. 주님이 우리를 부르셨으니 우리는 어디든지 주님 원하시는 곳에서 복음을 전해야 합니다. 가서 예수님의 사랑을 전해야 합니다. 천국에 가기 전까지는 그 사명을 다해야 합니다.

오직 주님! 오직 주님! 오직 주님!을 사랑하는 사람들이 됐으면 좋겠습니다.

아버지 하나님의 마음을 아는 사람이 복을 받습니다. 우리를 만난 사람들도 모두 풍성함을 누려야 합니다. 권세와 능력으로 심령을 채워 권능의 궁창에서 주님을 늘 찬양하면서 살면 주님께서 기뻐 하십니다. 아멘.

예수님을 믿음으로 영육이 강건하며 풍성해지는 놀라운 은혜를 주님 허락하소서. 아멘.

"주께서 나를 모든 악한 일에서 건져내시고 또 그의 천국에 들어가도록 구원하시리니 그에게 영광이 세세무궁토록 있을지어다 아멘"(디모데후서 4:18)

5

아르메니아 사람들의
슬픔

인도에 이어서 하나님의 음성을 따라 이스라엘에 가서 머물고 있을 때였습니다.

계속해서 주님께서 '아르메니아'에 대한 마음과 생각을 주셨습니다.

'아르...아르..어디에요?'

태어나서 처음 들어보는 나라라 어딘지도 모르겠는데, 호르비랍이라는 최전방 지역에 감옥 교회가 있다는 소식을 듣자마자 그곳에 가서 그 영혼들을 품고 기도하라는 말씀을 주셨습니다.

　너무나 생소하기도 하고, 걱정도 되었지만 이미 주님이 주시는 마음에 순종해 얻은 은혜가 컸기에 예배 가운데 분별하며 또 떠나기로 마음을 먹었는데, 하나님이 계속해서 재촉하시는 것이 느껴져서 가방을 속히 챙겨 출발했습니다.

　아르메니아는 현재 터키 영토로 노아의 방주가 머문 곳으로 추정되고 있고, 지금도 과학자들이 성경 말씀 그대로 아라랏산에 노아 방주가 있다고 신문과 방송에 자주 발표하고 있습니다. 그러므로 우리 하나님의 자녀들은 창세기에 나오는 그 말씀을 읽을 때마다 아르메니아와 그곳의 크리스천들을 위하여 기도하면서 감사하면 좋겠습니다. 예수님을 사랑하면서 찬송과 기도, 그리고 말씀으로 무장하며 살아가면 좋겠습니다.

　아르메니아에 도착하니 밤이어서 도대체 무엇을

어찌해야 할지 모르고 있었는데, 주님이 기적처럼 도와주실 분을 보내 만나게 하셨습니다.

현지에서 사업하시는 분인데 숙소도 잡아주고 그곳 사정도 알려주고 또 사역도 돕게 하셨습니다. 그분은 주님을 믿지 않는 분이라 거기서 함께하는 시간 동안 계속해서 주님을 전했습니다. 그리고 주님은 정말 다양한 방법으로 역사하시는 분이라는 사실을 새삼 깨닫게 되었습니다. 인도에서와 마찬가지로 이번에도 주님이 저를 이곳에 보내신 분명한 이유가 있었습니다.

수도 예레반에서 차를 타고 한참을 가다 보니 눈앞에 아라랏산이 펼쳐졌고, 아르메니아 최전방에 위치한 높은 언덕에 호르비랍감옥 교회가 보였습니다. 아라랏산까지는 10km 정도였고 아르메니아의 최초 교회였습니다.

차에서 내리자 교회 옆에 쇠로 된 계단이 있었습니다. 내려가 보니 옛날 왕을 가두었던 감옥이었습니다. 그날 어떤 할머니는 우리를 향해 손짓을 하며 감옥 교회 벽에 있는 전쟁 참화의 순교자의 사진을 가리키면서, 전쟁 때 잃은 가족이 너무 보고 싶다고 하며 눈시울을 적시었습니다.

그런데 경사가 너무나 심해서 발을 뗄 수가 없었습니다. 보기만 해도 현기증이 났는데, 주님이 보내셨으니 안 갈 수가 없었습니다. '죽으면 죽으리라'라는 심정으로 지하 20m의 쇠로 된 계단을 남편의 도움을 받아 겨우 내려갔습니다. 그곳에서 계속해서 남편과 기도를 하며 주님이 주신 마음을 이해하고 또 전하려고 애를 썼습니다.

기도하는 중에 많은 순례자들을 그곳에서 만났습니다. 그들을 만나며 또 기도하는 중에 주님이 왜 이곳으로 우리 부부를 보내셨는지 계속해서 이유를 알게 되었습니다.

아라랏산을 빼앗긴 아픔이 있고, 수많은 학살이 일어난 지역, 마치 우리나라의 과거와 비슷한 아픔을 지닌 곳이었음을 그곳에 찾아와 눈물을 흘리던 한 노인에 의해 알게 되었습니다. 그곳을 바라보시는 주님의 마음이 얼마나 아프셨을까... 주님은 내게 주님의 마음을 직접 느끼기를 바라셨고, 기도하길 원하셨습니다. 그리고 또한 이렇게 글로 많은 사람들에게 전하기를 바라셨습니다.

아직도 주님을 알지 못하고 아픔이 치유되지 못한 많은 민족들이 세계 곳곳에 있습니다.

우리는 그들을 위해 끊임없이 통회하는 마음으로 기도하며 선교해야 한다고 생각합니다. 저도 매일 잊지 않고 주님이 품게 해주신 그 나라들을 위해 간절히 기도하고 있습니다.

"즐거워하는 자들과 함께 즐거워하고 우는 자들과 함께 울라"

(로마서 12:15)

6

세상 풍파가
몰아친다 하여도

우리는 날 때부터 죄인으로 태어났습니다.

예외는 단 한 사람도 없습니다. 그러나 예수님을 믿고, 성령의 사람이 되면 조금씩 변해가게 됩니다. 물론 이 사실을 잊고 사는 사람도 많고, 더 이상 그 사실에 감격하지 않는 사람들도 많습니다.

하지만 예수님의 보혈은 우리가 믿는 그 순간부터 지금까지, 그리고 앞으로도 계속해서 우리를 새롭게 하십니다. 그 사실을 잠시라도 잊어선 안 되며, 매일 감격하는 마음으로 기쁨의 생활을 해야 합니다.

그 기쁨이 우리 삶에 머물러 있을 때, 우리 입에 찬양으로 고백되어질 때, 자동으로 그리스도의 사랑을 실천하게 되며, 나오는 말마다 전도가 됩니다. 전도는 영혼을 구하는 귀한 일이기도 하지만 또한 나의 신앙을 매일 확증하는 놀라운 변화의 순간이기도 합니다.

예수님이 행하신 기적은 연속적입니다.

지금도 우리의 삶을 조금씩 또는 크게 변화시키며 일어나고 있습니다.

그 사실을 알고 있다면 어떻게 기도하지 않을 수 있습니까? 어떻게 찬양하지 않을 수 있습니까? 어떻게 전도하지 않고 버틸 수 있습니까?

매일 주님을 예배하며 기도함으로 우리의 심령, 마음 밭이 깨끗할 때 영혼이 소생하며, 말씀이 우리 삶에 들어와 역사합니다. 세상의 풍파가 제 아무리 불어와도 주님과 동행하기에 평안이 있습니다.

감당하기 어려운 일 가운데 있습니까?

주님을 의지하는 일이 너무나 힘듭니까?

마음에 꺼낼 수 없는 어려움이 있습니까?

걱정하지 마세요, 나의 주 예수님께서는 우리의 모든 것을 다 알고 계십니다.

말씀의 떡으로 채워주시는 주님의 은혜를 누리십시오, 감사하며 살아가세요.

성령이란, 하나님의 영으로, 하나님의 사람에게, 하나님의 방법대로, 하나님이 원하시는 시기에, 하나님께 기도하는 이들에게, 하나님 뜻대로, 하나님의 선물로, 하나님의 일을 하도록 주십니다. 만군의 여호와 하나님께서는 우리를 인도하시고 호위해 주십니다. 다만 우리가 그 사실을 잊고 있을 뿐입니다.

오늘 집을 나서기 전 기도했나요?

어려운 일 당할 때에 기도했나요?

신앙생활 중에 상처를 받아 낙심했나요?

예수님을 한 때 믿었지만 지금은 떠나 있나요?

우리가 예수님을 조금이라도 떠나 있는 그 순간 주님은 너무나 마음 아파하시며 안타까워하십니다. 우리를 구원해 주기 위해 하나님의 독생자 예수님을 십자가에서 극심한 고통을 당하게 하셨는데... 하나님의 그 마음이 얼마나 아프실지 생각해보셨나요?

주님은 지금도 기다리고 기다리십니다. 하나님의 마음을 아프게 하고 있다면 어서 돌아오세요,

주변에 하나님의 마음을 아프게 하고 있는 분을 알고 있나요? 어서 그들을 찾아가 사랑과 겸손으로 섬기며 다시 주님께로 돌아오게 하십시오.

우리의 사랑과 수고로 그 사람들을 불에서 끌어내 천국으로 인도할 수 있습니다. 그러므로 먼저 회개합시다. 그리고 회개하게 합시다.

"그러므로 누구든지 나의 이 말을 듣고 행하는 자는 그 집을 반석 위에 지은 지혜로운 사람 같으리니"(마태복음 7:24)

7

그리스도의 향기

예수님을 믿는 사람들은 모두 하나님의 자녀가 됩니다.

그런데 이 하나님의 자녀라는 신분은 우리를 정말로 고귀하게 만들어줍니다. 우리가 절대로 들어갈 수 없는 천국에서 살 수 있게 하늘나라의 시민권을 보장하기 때문입니다.

지금 우리가 살고 있는 세상과 집안도 중요하지만 그 천국의 삶에 비하면 조금도 비할 바가 못 됩니다.

그 천국에 들어가는 사람들이 나와 가족, 친구, 그밖에 모든 사람들이 될 수 있도록 우리는 끊임없이 노력해야 합니다.

그렇기에 모든 성도가 자주 함께 모여 기도와 찬양을 하면서 천국을 기다리는 고귀한 자의 삶을 살아야 합니다. 나의 사랑하는 구주 예수님 말씀하신 그곳, 천국은 참 아름답고 거룩한 곳이랍니다.

지금 세상에서 우리의 삶이 별 거 아닌 거처럼 보일 수도 있습니다.

다른 사람에 비해 초라한 집에서 살고, 몸이 좀 약할 수도 있지만 세상의 무엇과도 비교할 수 없는 그리고 바꿀 수 없는 귀한 천국 시민들이기에, 하나님의 자녀라는 긍지를 가지고 성실한 신앙으로 믿음의 길을 따라 매일을 걸어 나가야 합니다.

사람마다 각자에게 향기가 있습니다. 우리들은 그리스도의 좋은 향기가 있어요.

주님의 향기를 말로, 행동으로, 생각으로 전하면서

한 명이라도 더 많은 영혼들이 천국을 향해 가도록 인도해야 합니다.

심령에 주님이 주신 권세와 능력이 가득한 사람은 늘 찬양하면서 살아갑니다. 주님께서 그런 우리의 모습을 보실 때 기뻐하십니다.

그리고 자주 "주여, 우리를 부르셨으니 우리가 무엇을 하오리이까? 어디서든지 주님 원하시는 곳에서 예수사랑 전하면서 살아가게 하소서"라고 기도하며 산다면 주님의 마음 닮은 고운 사람이 됩니다. 우리 그렇게 살아요.

그것이 우리의 사명이고, 그것이 주님을 기쁘시게 하는 일입니다.

"그리스도께서 너희를 사랑하신 것 같이 너희도 사랑 가운데서 행하라 그는 우리를 위하여 자신을 버리사 향기로운 제물과 희생제물로 하나님께 드리셨느니라"(에베소서 5장 2절)

8

비록 매일 실패해 넘어질지라도

제가 사는 마산에서 작은 딸 가정이 사는 중부지역으로 남편과 차를 타고 가는 길이었습니다. 종종 가던 길이어서 별 다를 게 없는 풍경이었지만 그날따라 하늘의 구름이 너무 꽃처럼 아름답게 피어 흘러가고 있었습니다.

너무나 아름다운 자연의 모습에 경외감이 생기며 절로 하나님을 찬양하게 되었습니다.

'주님, 감사합니다! 정말로 감사합니다!'

사소한 일상에도 이렇게 기쁨이 가득할 수 있고, 주님을 찬양할 수 있다는 사실에 너무나 가슴이 벅찼고 설렜습니다.

그렇게 하나님을 찬양하다보니 어느 새 작은 딸네 집에 도착을 했습니다.

겨울방학이라 아이들도 있었는데 딸이 바빠 대신 놀아주었습니다.

아이들과 만두도 구워먹고 같이 이야기도 나누고 하니 오랜만에 봐서인지 아이들이 많이 좋아해 오길 잘했다는 생각이 들었습니다.

창밖을 바라보니 아침부터 조금씩 내리던 진눈개비가 함박눈이 되어 하늘에서 펑펑 쏟아졌습니다. 날도 제법 쌀쌀한 추운 겨울이었지만 어쩐지 가슴이 따뜻하고 이 시간이 마냥 행복하게 느껴졌습니다.

잠시 아이들과 밖으로 나가 산책을 했습니다.

제가 사는 경남지역은 눈도 잘 오지 않고, 내려도

금방 녹아 없어지는데, 벌서 온 세상에 하얗게 변할 정도로 눈이 쌓였네요. 공기도 더 맑고 신선하게 느껴졌습니다. 그러나 문득 아무도 밟지 않은 넓고 하얀 눈밭을 바라보며 이런 생각이 들었습니다.

"눈처럼 깨끗한 마음, 거룩한 삶을 살 순 없을까? 주님, 이런 마음으로 살아가게 저를 도와주시면 안 되나요?"

비록 매일 실패해 넘어질지라도 그래도 주님의 사랑과 은혜로 일어나 포기하지 않고 기도함으로 거룩함을 향해 조금씩이라도 가게 해 달라고, 저와 우리 가정을 위해 간절히 기도했습니다.

'주님 어디서든지 주님 원하시는 곳에서 예수사랑을 전하면서 살아가게 하소서.'

주님은 모든 상황을 통해 말씀하시고, 평범한 일상생활에서 행복을 주십니다.

"주님 어디계세요?"라고 묻기 전에 모든 상황 가운데 계시는 주님을 깊게 묵상함으로 찾아보세요.

묵상할 때 떠오른 이사야 말씀을 함께 나누고 싶습니다.

"만군의 여호와이신 왕을 뵈었음이로다"(이사야6:5하)

"내가 여기 있나이다 나를 보내소서...주여 우리를 부르셨으니 무엇을 하오리이까"(이사야6:8하)

"너는 네 하나님께 한 징조를 구하되 깊은데서든지 높은 되서든지 구하라"(이사야7:11)

"여호와께서는 모든 넘어지는 자들을 붙드시며 비굴한 자들을 일으키시는도다"(시편 145:14)

9

하늘의 달을 보고

밤길을 걷다가 하늘에 떠 있는 커다란 보름달을 보았습니다.

'달은 어쩜 저렇게 크고 밝을까?'

그리고 그 달이 마치 예수님이 저를 보고 환하게 웃는 모습처럼 보였습니다. 어쩌면 예배때 은혜를 많이 받고 와서 그럴 수도 있겠다는 생각이 들었습니다.

그러면서 또 들었던 생각은 '내가 지금 교회가 아닌 다른 곳에서 나오는 길이었어도 저 달이 예수님의 미소처럼 느껴졌을까?'였습니다. 분명 아니었을 것 같습니다. 그러나 달과 예수님의 공통점이 하나 있었습니다. 저 위에서 모든 사람을 비추는 달빛처럼, 예수님도 지금 모든 사람들의 일거수일투족을 다 보고 계신다는 사실입니다.

예수님께서 지금도 주님을 간절히 찾고 예배하며, 복음을 전하며 착하게 살아가는 모든 성도들을 보시며 기뻐하고 계실 것입니다. 그런가하면 예수님은 주님을 잊은 채, 그저 자기만족과 쾌락을 쫓아 사는 수많은 사람들 때문에 마음 아파하고 계실 것입니다.

언제나 보고 계시는 주님 때문에 우리는 쉬지 않고 주님의 일을 해야 합니다. 또한 쉬지 않고 잃은 영혼을 기다리시는 주님을 전해야 합니다.

그때 주님을 향한 고백이 나왔습니다.
'나의 힘이 되신 여호와여
내가 주를 사랑 하나이다.
나의 힘이 되신 여호와여

내가 주를 사모 하나이다.

나의 힘이 되신 여호와여

내가 주님을 찬양하며 경배 하나이다.

귀하신 구주 예수 그리스도를 찬양 합니다.'

성도들이여, 달이 웃는 모습을 보면 여호와 하나님께서 바라보고 계신다는 걸 기억하면 좋겠습니다.

주님이 우리를 지켜보고 계십니다. 그러므로 우리 모두 주님의 자녀로 잘 삽시다.

어느 날 천국에서 우리 모두 만나길 바랍니다.

천국에서의 삶이 너무나 궁금하지만, 그곳에 한 번 가면 다시는 돌아올 수 없습니다. 그렇기에 이 세상에 살 때에 예수님의 보혈을 통해 죄 용서함 받고 정결하고 거룩하게 살아야 합니다.

그리고 이웃들도 그렇게 살도록 인도해야 합니다.

"아침에 하늘이 붉고 흐리면 오늘은 날이 궂겠다 하나니 너희가 날씨는 분별할 줄 알면서 시대의 표적은 분별할 수 없느냐"(마태복음 16:3)

10

북적거리고 복잡해도 예전처럼

　가정을 복음화 시킬려면 정말 중요한 것은 믿는 내가 먼저 본이 되어야 한다는 사실입니다. 우리가 먼저 신앙의 본이 되어야 자녀, 부모, 형제자매들이 신앙으로 바로 자라게 됩니다. 그래서 말씀과 기도생활을 바로 하면서 가정예배를 꼭 드리는 것이 중요합니다. 부모들이 먼저 영적으로 승리자가 되어야 주님께서 자식들을 올바르게 키우도록 도우십니다.

　예수님을 믿고 따른다는 우리들...

지금 우리 자녀, 우리 부모님, 우리 형제들, 친구들은 무엇을 하고 있을까요?

주님을 생각하며 하늘의 일을 위해 경건하게 살고 있을까요? 아니면 이런저런 생각들을 하며 그냥 주어진 하루를 자기의 유익과 만족을 위해 보내고 있을까요?

먼저 내가 본이 되어야 합니다.

내가 먼저 본이 됩시다.

가족들이 모이는 모임일수록 더욱 더 하나님을 드러내는 성도의 삶을 감당하기 위해 노력해야 합니다. 그래야 주님이 정말 기뻐하시리라 믿습니다.

요즘은 설을 번거로워하는 분위기라 준비도 간소하게 하거나 그냥 여행을 떠나는 휴일정도로 생각하고 있습니다.

그러나 좀 북적거리고 복잡해도 예전처럼 온 가족이 모여서 함께 밥 먹고 이야기 나누는 것이 저는 정말 좋습니다.

옛날 어릴 때를 생각해보면 잘 살든 못 살든 설은 정말 감사가 가득한 날이었습니다. 새 옷 갈아입고 깨끗한 신발신고 맛있는 음식 먹으면서 밖에 나가서는 온 동네 친구들과 어우러져 제기를 차고, 팽이를 치며 고무줄을 넘고... 시간 가는 줄 모르고 추위에도 늦게까지 놀았습니다..

그때는 유명 브랜드가 아니었지만 새 옷에 감사했고, 금방 닳았지만 새 고무신에 감사했고, 하루나마 기름진 고깃국, 맛있게 부친 전을 먹을 수 있어서 감사했습니다.

그런데 요즘 아이들은 그렇지 않은 것 같습니다..

이동할 때도 차를 타고 다니고, 신발도 아주 좋은 것만 신죠. 바닥이 닳기도 전에 모양이 질린다고 버리기도 합니다. 매일 고기반찬이 나오기 때문에 오히려 운동으로 살을 빼야 하는 아이들도 많아요.

더욱 아쉬운 것은 구원의 놀라운 은혜를 주신 예수

님에 대한 감사도 잊어간다는 사실입니다. 교회는 점점 많아지고, 편해지고, 아무 어려움 없이 신앙을 가졌다고 착각하기 쉬운 시대가 찾아왔으니까요.

주님이 우리나라에 부어주신 놀라운 축복 때문에 일어난 일이지만 때로는 주님이 이런 모습을 보면 섭섭하실 수도 있다는 생각이 들어요. 그래서 이 큰 복이 다른 민족들에게로 옮겨질까 염려스럽습니다.

먼저 우리부터 감사를 했으면 좋겠고, 또 감사를 가르쳤으면 좋겠습니다.

온 가족이 함께 성경 한두장 읽고 기도 제목 나누면서 하나님께 드릴 그날의 감사로 하루를 마무리하면 주님이 얼마나 기뻐하실까요?

"만일 여호와를 섬기는 것이 너희에게 좋지 않게 보이거든 너희 조상들이 강 저쪽에서 섬기던 신들이든지 또는 너희가 거주하는 땅에 있는 아모리 족속의 신들이든지 너희가 섬길 자를 오늘 택하라 오직 나와 내 집은 여호와를 섬기겠노라 하니"(여호수아 24:15)

11

어느 날의 기도

어느 날 예배당에서 기도를 하는데 '네 안에 아름다움이 있다'는 큰 울림이 와서 하나님께 물었습니다.

'주님, 제 마음에 아름다움이 있다구요? 매일 회개를 해도 모자랄 더러운 제 마음인걸 아시잖아요?'

그러나 주님은 아름다움이 있다고 계속 말씀하셨습니다. 잠잠히 그 음성을 묵상한 뒤에야 알게 되었습니다. 주님이 말씀하신 그 아름다움은 나로부터 생긴 것이 아니라 바로 주님이 주신 것이라는 사실을요.

제 마음에 예수님을 모시면 제가 어떤 사람이든지 하나님이 보시기에 합당한 사람이 되기 때문에 아름다움이 존재할 수 있는 것이었습니다.

마찬가지로 우리는 하나님의 자녀로서 존귀한 자입니다. 하나님의 자녀라는 사실만으로 존귀한 사람입니다. 그러나 그럼에도 우리는 늘 부족하다는 것을 알고 있습니다. 그래서 우리는 "주님 도와주세요!"라고 간절히 기도해야 합니다.

오직 주님만 바라보며 기도해야 합니다.

적어도 하루에 3번씩 기도하며 늘 말씀으로 깨어있으면 좋겠습니다.

병으로 괴로울 때도...

마음이 아플 때도...

궁핍함으로 힘겨울 때도...

가정생활에 문제가 있을 때도...

죄의 유혹을 이기기 힘들 때도...

나라의 어려운 경제와 전쟁의 위협속에서도...

주님의 자녀들이 말씀대로 살면 우리나라 대한민국은 세계에서 더 빛나는 나라가 되어 하나님께 영광이 될 것입니다.

구주 예수님의 이름으로 기도를 붙잡으며 말씀으로 명령하고 선포해야 합니다. 말씀대로 살며 기도하는 사람에게는 구한대로 축복이 일어납니다.

주 하나님이 지으신 이 세계가 주님의 말씀대로 회복되며 그 가운데 우리의 심령도 되살아납니다.

"항상 기뻐하라 쉬지 말고 기도하라 범사에 감사하라"(데살로니가전서 5:16-18)는 하나님의 뜻을 따라 "너희는 마음에 근심하지 말라 하나님을 믿으니 또 나를 믿어라"(요한복음 14:1)는 주님의 명령을 따라 무슨 일에든지 주님을 믿고, 의지하며, 감사와 찬송과 기도로 무장하세요, 정결하게 하세요. 그것이 하나님이 우리에게 약속한 축복이며 또 바라시는 행동입니다.

불순종해 고래 뱃속에 들어갔던 요나가 부르짖어 기도하며 회개했을 때에 주님은 그 마음을 받아주셨습니다. 요나의 기도와 찬양도 들어주신 주님께 더 온전한 마음으로 찬양과 기도를 드리는 우리의 매일이 되었으면 좋겠습니다. 하나님 말씀에 진정으로 순종하면 모든 고난이 사라지게 됩니다.

내 삶이 말씀이 되고 말씀이 내 삶이 되게 합시다.

심령이 가난한 사람은 말씀에 대해 순종의 삶을 사는 사람입니다.

하나님은 사랑이심을 묵상하며 이런 기도를 했습니다.

'구주 예수님 마음 아는 자 되게 하소서. 아버지 마음 시원케 하는 자 되게 하소서. 그저 왔다가는 인생이 아닌 것을 알게 하심 감사드립니다.

오, 주님! 깨끗한 심령이 되어 매일 매일 매일이 굳 데이(Good day) 되게 하소서. 정결하고 성결된 삶 살게 하소서. 주님 오늘 하루 중요한 하루 되게 하소서. 날이 갈수록 더 충만한 삶이 되게 하소서. 우리가족 모두 주님을 잘 섬기며 살게 하소서.'

"평안을 너희에게 끼치노니 곧 나의 평안을 너희에게 주노라

내가 너희에게 주는 것은 세상이 주는 것과 같지 아니하니라

너희는 마음에 근심하지도 말고 두려워하지도 말라"(요한복음

14:27)

12

들꽃 향기를 맡으며...

해가 너무나 뜨거워 고생을 했던 다음 날, 이번엔 촉촉한 비가 내리며 더위를 달랬습니다. 그렇게 덥던 날이 이렇게 시원해지다니...

하나님이 창조하신 세상은 너무나 신기한 것 같습니다.

그 모든 것을 창조하신 주님이 지금도 이 땅을 바라보시며 축복하고 계십니다. 성경 속에 우주의 법칙이 모두 숨어 있습니다. 말씀을 보고 기도할 때 그 사실을 알게 됩니다.

그런데 하루에 성경을 얼마나 읽고 있나요?

혹시 표지에 먼지가 쌓여 있지는 않나요?

그렇다면 주님이 마음 아파 하실 것을 생각하며 회개하는 마음으로 다시 성경을 펼치고 두 손을 모으길 바랍니다.

그리고 주님의 말씀대로 살아요, 주님의 말씀대로 나의 삶과 우리의 가정과 부모와 자녀의 관계를 다시 회복시켜주십니다.

주님은 신령한 예배자를 찾고 계십니다.

매일 기도할 때 마다 우리에게 허락하신 새날을 다 함께 감사드리며 주님이 주시는 평안을 나의 마음과 우리 가정, 우리나라에게 임하게 해달라고 기도합시다.(주님, 나사렛 예수 이름으로 승리하게 하소서. 아멘!)

취미로 가꾸는 교회 작은 텃밭에 지난 봄 완두콩을 조금 심었습니다.

과연 이게 자라날까 싶은 생각이었지만 조금 지나니 어느새 새파랗게 순이 쑥 자라 있었습니다.

너무나 신기하고 행복했습니다.

하루하루 지날 때마다 싹들이 풍성하게 자라나기 시작했어요.

그런데 어느 날부터 싹이 조금씩 사라지기 시작했어요. 이상하다 싶었는데, 하루는 밭에 나가니 고라니들이 밭에서 무언가를 먹고 있는 모습이 눈에 들어왔습니다.

어떻게 알았는지 고라니들이 매일 밭으로 찾아와 이제 막 싹틔우는 완두콩을 전부 먹어버렸고, 제가 발견한 날은 이미 싹이 남김없이 사라지고 만 후였습니다.

많이 아쉽고 섭섭했지만, 그래도 그 과정을 통해 깨달은 것이 있습니다.

하나님께서 때에 맞게 해와 비를 내려주시니 그 작은 씨앗도 금방 싹을 틔우는구나,..

싹이 난 것을 알고 찾아오는 고라니처럼 자연은 서로 균형을 맞추는 것이 하나님의 섭리이구나,..

좋은 날과 풍족한 자연을 주셨다는 것이 엄청난 축복이구나...라는 것을 그 순간 너무나 크게 깨달았습니다.

하나님의 창조법칙을 따라 살 때에 모든 것이 창조의 원리대로 회복됩니다.

일터에 나가 일을 하고, 주님을 열심히 예배하는 동안, 머리도 맑아지고, 눈도 밝아지고, 기관지도 좋아지고, 마음도 더욱 가벼워졌습니다. 찌릿하던 손발도 좋아져 피도 훨씬 잘 통하구요.

지금도 가끔 터밭에 나가 일을 하면서 만나는 모든 것을 느끼며 하나님의 놀라우신 섭리와 풍족한 감사의 제목들을 접하곤 합니다. 가을이면 우는 귀뚜라미, 붉으면서 노랗게 저무는 노을, 닿을 줄 모르게 높이

열려 있는 푸른 하늘...

주님이 주시는 이 모든 것들을 귀하게 누리면서 성실하게 천국으로 가는 발걸음을 옮겨가길 원합니다. 매일 찬양하며, 기도하며, 주님이 주시는 놀라운 선물인 천국까지의 삶을 기쁨과 감사함으로 준비하는 삶을 함께 살아가기를 원합니다.

예수님을 믿다 낙심한 사람은 참 불쌍해요 영원히 살아계시는 우리 하나님 아버지가 마음 아파하고 계시다는 걸 모르기 때문에요.

하나님은 지금도 기다리고 기다리십니다. 성도들이여 이웃에 또는 교회에서 낙심해 떠난 사람들을 물에서 불에서 건져내기 위해 전도합시다.

주인되신 주님의 뜻 안에서 살 때 건강해요.

주님 품안에서 기쁨으로 사는 사람에게는 즐거움이 찾아옵니다.

깨끗하게 정결하게 살아가는 사람을 예수님의 신부로 단장하고 있는 겁니다.

성결하게 정결하게 깨끗하게 살면 예수님의 사랑

을 받아요.

주님의 마음으로 사는 사람은 예수님 사랑과 권세 누립니다.

(나의 온 가족, 우리교회 성도들과 그들의 부모형제 모두들 건강 주시옵소서. 주님 물댄 동산 같은 자로써 살길 원합니다. 주님 도와 주소서.)

우리가 자주 기도하고 회개하면 성령으로 충만하여 집니다.

"너희는 생육하고 번성하며 땅에 가득하여 그 중에서 번성하라 하셨더라"(창세기 9:7)

13

십자가를 붙들고 있습니까?

교회에서 간절히 기도하는 중에 갑자기 주님이 물으셨습니다.

"십자가를 붙들고 있느냐?"

"네, 주님 붙들고 있습니다."

자신있게 대답했지만 주님이 다시 물으셨습니다.

"너 십자가 붙들고 있느냐?"

"그럼요, 날마다 붙들고 있습니다."

다시 물으셨습니다.

"너 십자가 붙들고 있느냐?"

간절한 대답에도 주님이 세 번이나 묻자.

"주님.. 제가 그래도 매일 기도하며 예배드리며 어떻게든 주님과 함께 하는 삶을 위해 노력하고 있잖아요. 그런데 왜 자꾸 물으세요?"라고 답했습니다.

주님이 원하시는 것은 그럼에도 더더욱 간절히 주님의 십자가를 붙들고 사모하는 마음으로 살라는 것이었습니다. 그리고 다른 사람들도 그 십자가를 붙들게 하라는 사명자의 마음을 원하셨습니다.

"십자가를 붙들고 계십니까?"

"정말로 십자가를 붙들고 계십니까?"

주님을 기쁘시게 해드리고 싶은 마음을 깨달아지는 순간부터 어디서든 감사와 찬양, 주님의 말씀이 나오고, 또 자연스레 전도가 되기 시작했습니다.

'전도를 해야 한다, 전도는 어렵다'

이런 의지나 부담이 생기지도 않았고, 정말 자연스레 복음을 전하는 것이 삶의 일부분이 되어가고 있었습니다. 맺는 열매와 상관없이 이렇게 주님을 사모하고 십자가를 붙들려는 모습, 때를 얻든 못 얻든 복음을 전파하는 모습을 주님이 정말로 기쁘게 받으신다는 것이 마음으로 영혼으로 뿌듯이 느껴졌습니다.

주님을 기쁘게 해드리고 싶다면, 매일 주님을 찬양합시다. 이슬 같은 은혜를 주시는 주님의 말씀 따라 삽시다. 힘이 들고 어려울 지라도, 부자라도, 가난한 사람이라도, 성경을 읽을 때 말씀의 깊이와 넓이를 배우게 되고 세상에서 얻을 수 없는 예수님의 사랑을 마음에 간직하면서 살아가게 됩니다. 주님이 인도하시는 푸른 초장, 잔잔한 물가에서 뛰노는 삶을 누리게 됩니다.

죄의 삯은 사망이라 하신 하나님 아버지의 말씀에 귀를 기울이면서 정직한 영을 달라고 구하며 함께 나아갔으면 좋겠습니다. 그 마음을 위해 저도 매일 같이 주님께 간절한 기도를 드리고 있습니다.

'주님, 정말 감사드려요.

매일 넘어지고 약한 모습이어도, 사람들이 보기에 고운 모습이 아니어도 먼지 같은 저에게 이런 귀한 사랑을 베풀어 주시고 알게 하심을 감사드립니다.

이제 겨우 주님의 마음을 조금 알게 하시고, 깨닫게 하심으로 글로 옮기게 하신 놀라운 은혜 주심에 더욱 감사드립니다.

주님, 비록 부족하지만 주님의 마음을 담아 옮기고자 노력한 이 책을, 이 글을, 이 기도를 읽는 모든 성도들이 동일한 주님의 마음을 깨달아 각각 그 주님의 마음을 교회와 이웃, 그리고 다른 성도들과 믿지 않는 사람들에게도 전달하게 하소서. 복음을 전할 때 주님이 약속하신 복을 받는 성도 되게 하소서. 아멘.

"그러나 내게는 우리 주 예수 그리스도의 십자가 외에 결코 자랑할 것이 없으니 그리스도로 말미암아 세상이 나를 대하여 십자가에 못 박히고 내가 또한 세상을 대하여 그러하니라" (갈라디아서 6:14)

14

네 눈물을 보았노라

　우리의 목적지는 빛나는 천국이며, 그곳은 너무나 즐겁고 기쁜 곳이지만 우리에게는 이 땅에서의 할 일이 있어 아직 이 땅에 살고 있습니다. 그런데 이 땅에 사는 동안 몸이 아프면 나와 주변 사람들이 함께 힘듭니다. 우리의 영육이 강건하길 원하시는 하나님 아버지의 마음을 아는 성도 됩시다.

　주님께서는 우리에게 넘치는 은혜를 부어 주시길 원하십니다. 그리고 그 은혜의 기름부음을 위해 기도를 쌓고 찬양을 하고 감사하며 건전하게 사는 성도들의 삶이 되기를 원하십니다. 그러면 주님은 모든 좋은 것으로 우리의 소원을 만족하게 하시고 우리의 청춘을 독수리 같이 새롭게 하신다고 약속하셨습니다.

"좋은 것으로 네 소원을 만족하게 하사 네 청춘을 독수리 같이 새롭게 하시는도다"(시편 103편 5절)

나이가 들면서 조금 나아졌지만, 인도를 다녀오고 몇 차례 해외를 갔다 오면서 건강이 급격하게 안 좋아졌습니다. 그러나 역시 주님의 말씀에 모든 것이 있었습니다.

치유의 말씀을 붙잡고 하나님이 창조하신 원리를 따라 사니 건강은 저절로 회복되고 생명력이 살아나는 것을 체험하게 됐습니다.

몸이 아픈 성도는 물론 운동과 위생, 영양에도 신경을 써야 하지만 그만큼 기도와 말씀도 붙잡아야 합니다. 내가 할 수 있는 노력을 하면서 말씀과 기도로 영육을 또한 무장해야 합니다. 그리고 이사야 38장 5

절 "내가 네 기도를 들었고 내 눈물을 보았노라 네가 네 수한에 십 오년을 더하고..." 라는 말씀을 붙들면서 기도하십시오. 말씀의 능력이 우리의 몸과 생각 가운데 넘치게 임하여 건강이 회복될 것입니다.

하지만 이런 생각도 듭니다.

죽음을 목전에 둔 히스기야의 기도가 얼마나 간절했으며, 얼마나 절실했을까...

마찬가지로 몸이 아프고 힘들다면 우리도 간절하고 절실한 마음으로 기도해야합니다.

그런데 아무 문제가 없고 평온할 때의 우리의 기도는 어떤가요?

모든 날이 주의 날이며, 기쁠 때나 슬플 때나 주님은 언제나 우리를 지켜주십니다. 그렇다면 매일 맞이하는 오늘을 주셨다는 사실만으로도 순간순간을 아버지 하나님께 거룩하게 드리는 마음으로 살아야하지 않을까요?

고요한 아침의 시간 조용한 가운데 나의 주님, 부활

하신 주님을, 매일 동일한 감격으로 감사하며 찬양하며 기도로 올려드립시다.

"그러하온즉 우리 하나님이여 지금 주의 종의 기도와 간구를 들으시고 주를 위하여 주의 얼굴 빛을 주의 황폐한 성소에 비추시옵소서"(다니엘 9:17)

나의 사랑하는 구주 예수님 계신 그곳은
참 아름답고 거룩한 곳이랍니다.
우리 모든 성도들은 비록 큰 것 가지고 있지 않아도
하나님의 자녀들이기에 긍지를 가지고
참신한 신앙으로 자신을 다듬어 갈 때
주님의 사랑을 받습니다.
예수사랑 예수사랑이여요. 아멘

15

버스 안에서...

지난 어린 시절을 돌이켜보면 저의 믿음 생활에서는 이렇다 할 위기나 터닝 포인트가 없었습니다. 어려서부터 자연스럽게 신앙교육을 받고 복음을 믿어왔기 때문이지만, 그럼에도 돌아보면 여전히 못한 것들에 대한 아쉬움과 회개의 마음이 생기곤 합니다.

여러분의 과거는 어땠나요? 주님께 드리기에 어울리지 않는 생활이였다면 이제라도 지난날을 회개하세요.

그리고 지금 나의 생활에 대해 감사 생활을 시작합시다.

주님은 태초부터 지금까지 살아계시고 영원 전부터 영원까지 계셔서 우리를 지키시고 바라보고 계십니다. 우리의 머리카락까지도 헤아리시고 가슴에 숨어있는 비밀도 아시는 분께서 우리가 갈 천국을 아름답게 준비하셨습니다. 이 사실이 정말로 기쁘지 않나요?

하나님 아버지의 마음을 알기 원하는 마음으로, 눈을 뜨는 순간부터 눈을 감기 전까지 저의 하루, 저의 인생을 통해 하나님의 부르심대로 순종하는 삶으로 매일 살기 위해 노력하고 있습니다.

지금 달리는 차 안에서도 주님의 마음을 묵상하며 이 글을 쓰고 있습니다.

"찬송하리로다 하나님 곧 우리 주 예수 그리스도의 아버지께서 그리스도 안에서 하늘에 속한 모든 신령한 복을 우리에게 주시되"(에베소서 1:3)라는 주님의 말씀이 저의 마음에 계속해서 머물러 있습니다. 이 말씀을 묵상할 때 정말로 감사와 기도밖에는 우리가 할 수 있는 것이 없음을 알게 됩니다.

인생이 만족스럽지 못한 분, 가지지 못한 것으로 인해 고민이 많은 분들은 이 말씀을 매일 필사하고 또 읽으면서 기도하시기 바랍니다.

주님은 하늘에 계신 신령한 모든 것으로 우리에게 복을 주셨습니다.

그러면 우리는 무엇을 해야 할까요?

주님께 순종하며 기도하고 전도하며 말씀으로 무장하여 기뻐하며 살아가야 합니다.

이것은 우리의 노력으로 되는 것이 아니라 하나님의 사랑을, 예수님의 마음을 깨달을 때 저절로 변화됩니다.

찬송가 78장(참 아름다와라)을 고백하는 마음으로 부를 때마다 우리의 삶에 넘치는 감사의 조건들을 알게 됩니다. 태초부터 영원까지 존재하시는 주님은 주님의 말씀이 기록된 위대한 성경, 그 로고스(말씀)가 가르치는 구원과 사랑의 빛, 그 빛을 깨달아 등대처럼 세상을 비추는 성도들을 소원의 항구로 인도하십니다. 그렇기에 그 믿음을 가지고 이 세상을 살아가야 합니다.

그 믿음이 있을 때 언제나 감사하며 기쁨으로 감당할 수 있습니다.

물론 이 세상을 사노라면 때로는 힘들고 예상치 못한 일들이 일어납니다. 가장 가깝고 사랑해야할 가정만 해도 얼마나 힘든 일이 많이 일어나는지 모릅니다. 그러나 그럴 때마다 더욱 더 기도로 바짝 엎드리세요. 주님께 더욱 더 근신하여 기도하세요. 굳건한 반석 같은 믿음 가진 사람을 주님은 사용하시며 놀라운 복을 부어주십니다.

자녀의 상처를 싸매시며, 맞은 자리를 고치시는 여호와 하나님을 믿고 의지할 때 달빛은 햇빛 같겠고 햇빛은 칠배가 되어 일곱날의 빛과 같아지는 놀라운 역사가 일어납니다.

오늘 하루를 온통 감사함으로 주님께 찬양이 되게 드려보세요.

심령에 넘치도록 부어주시는 주님의 사랑을 느껴보세요.

"하나님이여 내 마음을 정하였사오니 내가 노래하며 나의 마음을 다하여 찬양하리로다"(시편 108:1)

16

믿음의 제단으로 세우는 가정

　언젠가 세상을 떠나 주님 만날 준비하는 마음으로 살아가는 우리가 먼저 신경 써야 하는 것이 있습니다.

　예수님을 사랑하면 할수록 가족의 구원을 위해 힘 써야하는 것, 자식을 더욱 사랑하는 것, 거기에 꽃다운 어린 손자손녀들도 신앙의 길로 인도할 수 있게 많이 돌보아 주라는 주님의 음성을 듣습니다. 믿음으로 훈련된 사랑 받은 자녀는 곁길로 가지 않지만 믿음을 준비 시키지 못한 자녀는 신앙생활이 힘들어지고 인생이 힘들어집니다.

그렇기에 아직 가정예배가 없다면 이제부터라도 꼭 시작하세요. 가정이 행복해지고 예배 안에서 주님이 주시는 평안을 누리는 것은 하나님이 기뻐하시는 방법입니다.

우리 친정은 5대째, 시댁은 7대째 믿음의 대를 이어오고 있는데 조카들과 5촌들 까지도 모두 예수님을 믿습니다. 저희 집안은 믿음의 족보도 있습니다.

이것을 볼 때마다 이제는 다들 분가한 자식들이지만, 하나님께서 주신 가장 귀한 보배는 바로 자녀들이 아닌가 생각됩니다.

그러나 일반적인 가정은 부모 자식의 관계를 통해서 하나님이 계획하신 가정의 놀라운 축복과 사랑을 깨달을 수 없습니다. 그렇기에 가정을 세우는데 가장 중요한 것은 예배로 가정제단을 쌓는 것입니다. 비록 바쁘더라도 힘써 모여 성경을 읽고 함께 기도하고 말씀을 묵상해야 합니다.

나의 가족, 섬기는 교회에, 또 부모형제들에게 좋은
믿음의 본을 보이는 사람이 되길 원하는 주님의 마음
을 아는 사람이 됩시다. 가족이 함께 주님을 찬양하는
후손은 어려움이 없다고 주님은 말씀하셨습니다. 아
이들을 보다가 떠오른 글입니다.

　'노란 튤립을 보면 아주 예뻐요.

　빨간 튤립을 보면 아주 강해요.

　노랑과 빨강색이 아름다워요.

　하나님 나라에서는 어떤 꽃이 예쁠까요?

　어린이 꽃이 아주 예쁠겁니다.

　그러므로 우리 가정에 어린 꽃들을

　많이 많이 예쁘게 해 주세요.

　모두 주님의 예쁜 꽃들이 되게요.'

　　자녀에게 부모를 공경하는 것을 가르치고, 주일을
거룩하게 지키게 하며, 하나님이 주신 비전을 따라 교
회에서 봉사하게하면 하나님께서 자녀를 책임져 주십

니다. 자녀에게 세상에 나가 싸울 힘을 가지라고 하지 말고, 그 힘을 주실 분이 누구인지 가르쳐주세요.

'아이야, 너는 알고 있니?
저 해가 뜨는 모습을...
저 해가 지고 없어지면
짙은 어둠이 깔리는 모습을...
아이야, 너는 알고 있니?
저 해가 웃는 모습을...
저 해가 지고 달이 뜨면
밤이 되는 원리를...
그 모든 것을 운행하시는
나의 여호와 하나님께서
우리에게 주신 선물이란다.
감사해 감사해 감사해'

기도와 말씀으로 주님 안에서 주님의 사랑으로 늘 양육하다 보면 곁길로 빠지지 않습니다. 소중한 인생을 낭비하지 않고 진정한 행복이 무엇인지 아는 지혜로운 성도로 성장합니다.

그렇기에 가정예배가 아주 중요합니다. 이런 가정을 위해 생활 중에, 또는 산책을 하면서, 직장에서, 집안일을 하면서도 무시로 찬양하면서 기도를 해야 합니다. 그렇게 하길 주님은 원하십니다. 할렐루야!

늘 찬송하며 기도하면서 지낼 때 생활 중의 기도와 찬송은 우리 영혼을 천국생활로 바꿔 줍니다.

그렇기에 기도로 심는 사람은 축복이 있습니다.

말씀을 많이 읽고 사는 사람의 복이 있습니다.

일하면서 생활 가운데 찬양할 때 진정한 복이 옵니다,

인생이 기쁨으로 채워집니다.

그러면서 먼저는 내가 이후로는 온 가족이 성령체험을 하게 됩니다.

몸이 건강하고 장수할 때 자식들에게 힘이 되듯이

바른 신앙과 믿음으로 살아야 자식들과의 관계가 슬퍼지지 않습니다. 온 가족이 서로서로에게 힘을 주고 믿음을 굳건하게 하는 기쁨의 천사가 됩니다.

한마디 말보다 실천이 중요한 걸 알고 계시죠?

우린 너무나도 부족합니다. 그러나 믿음으로 나아가야 합니다.

온 가족이 뭉쳐 함께 주님을 의지해야 합니다.

'주님, 우리 온 가족이 그저 흘러가는 대로 사는 별 볼일 없는 인생 되지 않게 하소서...

예수 그리스도의 말씀을 따라 십자가 복음을 사람들에게 전하며 살게 하소서.

중요한 사명을 감당하며 남은 인생의 여정을 부지런히 주님의 발자취를 따라 가게 하시고 승리하며 살게 하소서. 아멘.'

"그러므로 우리는 기회 있는 대로 모든 이에게 착한 일을 하되 더욱 믿음의 가정들에게 할지니라"(갈라디아서 6:10)

17

깨어 기도하라는
주님의 음성

아무리 소리쳐도 주님이 듣지 않으시는 것 같을 때가 있었습니다.

아무리 기도해도 주님이 주시는 마음이 느껴지지 않았고, 몇날 며칠을 매달려야 겨우 모기 소리처럼 느껴졌지만 주님의 음성이 들렸는데...얼마나 아름답고 감사했는지 모릅니다.

"주 예수님 고맙습니다"라는 말이 저절로 나왔습니다.

아무리 이른 새벽에 단잠을 자더라도 그것을 물리치고 매일 일어나 무릎을 꿇을 수 있는 것은 저 같은 사람에게도 주님께서 그 음성을 들려주시기 때문입니다.

주 예수 그리스도 나의 주님은 나의 목자 되시어 나에게 부족함이 없게 하십니다. 작게나마 그 음성 들려주시고 그 마음 알게 하시어 믿음으로 굳세게 살게 하심을 감사 드립니다.

새벽에 주님을 묵상하다 피곤해 다시 눈을 감으려고 했을 때였습니다.

"저 멀리 뵈는 나의 시온성..."이라는 찬양이 귀에 들리며 갑자기 정신이 번쩍 들었고, 이내 다양한 찬양과 말씀을 통해 주님의 마음이 다가왔습니다.

"나의 힘이 되시는 여호와여 내가 주를 사랑하나이다."

예수님은 구세주이십니다, 그 분을 마음으로 믿으면 의에 이르고 입으로 시인하면 구원을 얻게 됩니다.

"믿음 소망 사랑 이 세 가지는 항상 있을 것이나 그 중에 제일은 사랑이라!"(고린도전서 13:13)

'아, 지금 내가 피곤하다고 눈을 감을 때가 아니구나! 더욱 더 깨어서 주님을 바라고 묵상해야겠구나!'라는 생각이 들면서 주님이 저에게, 오늘날 믿는 성도들에게 바라는 것이 무엇인지 깨달아졌습니다. 저는 곧바로 기도를 드렸습니다.

"그리스도는 구원자이십니다. 피곤한 자에게는 능력을 주시며 무능한 자에게는 힘을 더하시나니 아버지여 저를 주장하여 주소서. 또한 저의 가정과 모든 친척들을 주장하소서. 내 나라 나의 민족 세계영혼 주장하소서. 그리고 이 땅이 아닌 다른 곳에 있는 영혼들도 주장하소서. 믿는 성도들, 믿고 있는 줄 알지만 잠들어 있는 성도들의 영혼도 깨워주소서, 주님이 주장하여 주소서..."

흔히 소중한 것은 잃고 나서 깨닫는다고 합니다.

그러나 소중한 믿음만큼은 잃기 전에 깨달아야 합니다. 그렇기에 잠들어선 안 됩니다. 지금은 잠들 때가 아니라 영과 육이 깨어 기도할 때입니다.

사람이 아무리 욕심을 부려도 살면서 원하는 모든 것을 가질 수는 없지만 마음은 지킬 수 있고 믿음은 지킬 수 있습니다. 소 잃고 외양간 고치면 그 사람만 손해입니다.

그래서 하나님의 자녀는 믿음 안에서 지혜롭게 살아야 합니다. 정신을 차리고 기도해야 합니다. 예수 그리스도를 믿는 것이 얼마나 행복한 건지 알고 그로 인해 감사해야 합니다.

마음이 있는 곳에 정성이 있고, 행동이 있습니다.

그 마음을 따라 사는 사람들은 하늘의 보물을 맛보게 됩니다.

'하나님 마음을 아는 자 되게 하소서. 그 마음을 알기 원하는 모든 성도님들 되게 하소서.'

저는 어디에서나 복음 전하면서 우리 주님 계신 그

곳 바라보면서 새벽을 깨우며 살아가기로 결심을 했습니다. 너무나 작고 연약한 기도이지만 저를 깨워주신 주님이 제가 사는 지역을 깨우게 하시고, 우리나라 팔도강산을 깨우게 하실 줄을 믿습니다. 주님의 영으로 영혼들을 사랑하길 원하시는 마음을 모든 성도들에게 전해 주시며 나의 주 예수 그리스도의 마음을 닮아 가는 자 되게 하실 줄 믿습니다.

'찬양과 기도와 말씀으로 승리하는 우리 모든 성도들 되게 하소서. 주여, 그렇게 될 줄 믿습니다. 아멘!'

"제자들에게 오사 그 자는 것을 보시고 베드로에게 말씀하시되 너희가 나와 함께 한 시간도 이렇게 깨어 있을 수 없더냐 시험에 들지 않게 깨어 기도하라 마음에는 원이로되 육신이 약하도다 하시고"(마태복음 26:40-41)

18

여덟 가지 복으로 주시는 놀라운 은혜

찬란한 저 해가 뜨고 지는 모습을...

그 광명과 흑암의 모습을...

알고 계십니까?

아무리 과학이 발전해도 알지 못하는 만물의 운행과 그 신비로움이 바로 나의 주 하나님께서 우리에게 주신 선물이라는 사실을...

우리는 주님에게 정말로 감사밖에는 드릴 것이 없습니다.

좌로나 우로나 치우치지 않고 앞뒤를 돌아보면서 주님을 생각하며 기도할 때 악한 것들이 도망칩니다. 우리의 마음을 약하게 하는 것들을 담대히 대적하고 물리치십시오, 그리고 만물에 충만한 하나님의 사랑을, 말씀을 통해 부어주시는 많은 복을 믿음으로 받으십시오.

하나님과 동행하는 삶을 한 마디로 표현하면 '행복'입니다.

세상에서 제 아무리 성공한 사람들을 본다고 해도 전혀 부럽지 않고, 오로지 주님과 함께 한다는 이유만으로 기쁨과 즐거움이 가득한 삶임을 마음을 다해 고백합니다.

그러나 이렇게 살아가는 인생의 삶속에서도 때로는 근심이 생기고 걱정이 있으며 몸이 피곤하고 마음에 아픔이 있다는 것을 또한 인정할 수밖에 없습니다. 이 세상은 천국이 아니며 우리 또한 완전하지 못하기 때문입니다. 그러나 비록 그럴지라도 주님 앞에 모든 것을 내려놓고 살길 원합니다.

주님의 마음을 닮는 자되어 하루하루 주님이 주신 은혜로 살아가는 것이 성도의 바른 마음이며 자세입니다. 주님의 보혈로 영육의 강건을, 기도와 말씀과 찬양으로 무장하면서 부지런히 열심히 살아가는 주의 자녀들이 더 많아지게 될 줄을 믿습니다, 아멘!

믿는 성도들에게는 놀라운 축복이 임합니다.
성경에 보면 예수님이 주신 8가지 복이 나옵니다.

제1복, 심령이 가난한 자는 복이 있나니 천국이 저희 것임이요.

제2복, 애통하는 자는 복이 있나니 저희가 위로를 받을 것임이요.

제3복, 온유한 자는 복이 있나니 저희가 땅을 기업으로 받을 것임이요.

제4복, 의에 주리고 목마른 자는 복이 있나니 저희가 배부를 것임이요.

제5복, 긍휼히 여기는 자는 복이 있나니 저희가 긍휼히 여김을 받을 것임이요.

제6복, 마음이 청결한 자는 복이 있나니 저희가 하나님을 볼 것임이요.

제7복, 화평케 하는 자는 복이 있나니 저희가 하나님의 아들이라 일컬음을 받을 것임이요.

제8복, 의를 위하여 핍박을 받는 자는 천국이 그들의 것임이요.

우리가 하나님 나라에 들어가면 상급이 있지만 이 땅에 살아가는 동안에 받을 복도 이렇게나 많습니다. 그래서 하나님의 법대로 사는 사람, 하나님의 사랑을 전하는 사람, 예수 그리스도의 마음을 아는 사람이 되어야 합니다.

노아시대에 물로 세상을 쓸어버리신 공의의 하나님이 지금도 죄 많은 이 땅을 바라보시지만 오히려 은혜를 주시고 회개의 기회, 구원의 방법을 허락하심을 감사드립니다. 하나님의 자녀들이 죄에 길에 서지 아니하며 오만한 자리에 앉지 않게 도와주십시오.

"보라 내가 도적같이 오리니 누구든지 깨어 자기 옷을 지켜 벌거벗고 다니지 아니하며 자기의 부끄러움을 보이지 아니하는 자는 복이 있도다"(계시록 16:15)

비록 이 세상이 죄악으로 가득하지만, 열심히 믿는 우리들도 넘어질 때가 많고 힘들지만, 그래도 주님은 십자가의 보혈을 허락하시고 넘치는 복을 부어주셨습니다. 그렇기에 어둡고 험난한 이 세상일지라도 예수 그리스도의 마음을 생각하면서 성경말씀을 따라 살아가는 하나님의 자녀는 큰 어려움 없이 살게 하신다고 하셨습니다.

때로는 오랫동안 고통이 사라지지 않는다 하더라도 주님께서 쓰시려고 오랫동안 연단한 자라는 걸 믿으시길 바랍니다.

기도해도 응답이 없을 때는 더욱 깊이 기도함으로 주님의 마음을 깨달아지게 하도록 훈련하는 중이심을 믿기 바랍니다.

깊은 기도를 하는 사람은 성령님께서 때로는 가르쳐 주신답니다.

생활이 더욱 곤고해지고 힘들어질지라도 기도하면서 전도하면서 이웃을 사랑하면서 주님의 말씀 따라 순종하며 살아가는 사람은 하나님이 큰 복을 누리며 살게 하심을 믿으면 좋겠습니다.

그리고 온 식구가 찬송가 430장을 자주 불렀으면 좋겠습니다.

"주와 같이 길가는 것 즐거운 일 아닌가

우리 주님 걸어가신 발자취를 밟겠네

한 걸음 한 걸음 주 예수와 함께

날마다 날마다 우리 걸어가리'

온 식구가 모두 기쁘게 즐겁게 해피데이로 살 수 있습니다.

저는 세상 사람들이 보기에 크게 성공 사람이 아닙

니다. 제가 봐도 저는 그저 그런 사람입니다. 다른 사람들이 보기에는 더욱 그렇겠지요. 그러나 이상하게 저의 마음은 늘 풍성하고 누구에게도 당당하게 주님의 복음을 전할 수 있습니다.

도대체 이런 용기와 사랑이 어디서 나왔을까요? 전 그런 사람이 분명 아닌데요... 그것은 분명 하나님이 주셨기에 가능한 말과 마음, 행동이라고 믿습니다.

그래서 이 글에도, 이 말에도, 이 행동에도 비록 부족하지만 하나님의 마음이 담겨 있다는 확신이 있습니다. 저는 저의 모든 것으로 주님의 마음을 담고 싶습니다. 그리고 그 마음을 담아 전하고 싶습니다.

"진실로 그는 거만한 자를 비웃으시며 겸손한 자에게 은혜를 베푸시나니"(잠언 3:34)

"성도님들, 감사해요. 평안하세요!"

맞춤형 30일간 무릎기도문 시리즈

가정❶ 자녀를 위한 무릎기도문
가정❷ 가족을 위한 무릎기도문
가정❸ 남편을 위한 무릎기도문
가정❹ 아내를 위한 무릎기도문
가정❺ 태아를 위한 무릎기도문
가정❻ 아가를 위한 무릎기도문
가정❼ 재난재해안전 무릎기도문(부모용)
가정❽ 재난재해안전 무릎기도문(자녀용)
가정❾ 십대의 무릎기도문(십대용)
가정❿ 십대자녀를 위한 무릎기도문(부모용)

교회❶ 태신자를 위한 무릎기도문
교회❷ 새신자 무릎기도문
교회❸ 교회학교 교사 무릎기도문

365❶ 우리 부모님을 지켜 주옵소서(365일용)
365❷ 번성하게 하고 번성하게 하소서(365일용)
365❸ 자녀축복 안수 기도문(365일용)

기도❶ 선포(명령) 기도문

망망한 바다 한가운데서 배 한 척이 침몰하게 되었습니다.
모두들 구명보트에 옮겨 탔지만 한 사람이 보이지 않았습니다.
절박한 표정으로 안절부절 못하던 성난 무리 앞에 급히 달려 나온 그 선원이
꼭 쥐고 있던 손바닥을 펴 보이며 말했습니다.
"모두들 나침반을 잊고 나왔기에 … "
분명, 나침반이 없었다면 그들은 끝없이 바다 위를 표류할 수밖에 없을 것입니다.

삶의 바다를 항해하는 모든 이들을 위하여 우리는 그 나침반의 역할을 하고 싶습니다.
우리를 구원하신 위대한 주 예수 그리스도를 널리 전하고 싶습니다.

"하나님은 모든 사람이 구원을 받으며
 진리를 아는 데에 이르기를 원하시느니라"
 (디모데전서 2장 4절)

언제나 어디서나
예수그리스도!

지은이 │ 장동선
발행인 │ 김용호
발행처 │ 나침반출판사

제1판 발행 │ 2016년 4월 20일

등 록 │ 1980년 3월 18일 / 제 2-32호
주 소 │ 157-861 서울 강서구 염창동 240-21
        블루나인 비즈니스센터 B동 1607호
전 화 │ 본사 (02) 2279-6321 / 영업부 (031) 932-3205
팩 스 │ 본사 (02) 2275-6003 / 영업부 (031) 932-3207
홈 피 │ www.nabook.net
이 메 일 │ nabook@korea.com / nabook@nabook.net

ISBN   978-89-318-1512-2
책번호 가-9051

값은 뒷표지에 있습니다.